AF189727

Ursula Adler
&
Andrea Ade

Ping Pong
immer weiter

Picasso hat es gesagt :

,,Kunst ist dazu da, den Staub des All-
tags von der Seele zu wischen.''

© September 2018 Ursula Adler, Andrea Ade
Herstellung und Verlag: BoD – Books on Demand,
Norderstedt
ISBN: 978-3-7481-6763-1

Weise

Wenn
dein Lächeln
umwerfend und leise
durch meine Seele zieht
quietschvergnügt

Andrea

Ach ich liebe den September
30 Lächeln – tagelang
Zwischen frohem Meisenhüpfen
Bunter Blätterherbstgesang

Ursula

frei Zeit

wo fliegt mein Ei
wohin läuft der Kaffee
Sonntag am Morgen
fast weg die Sorgen

Andrea

Honigbrötchen

Der Kaffee ruft
Genieß den Duft
Und "Hi!!"
Schreit das Ei

Ursula

Heute

Sammel deine Seele ein
und dann geht es wieder heim
Wege kreuzt und quer so schwer
sammel deine Seele ein
und hol dein Lächeln wieder her
denk heute nur an dich und
sammel deine Seele ein
und dann geht es wieder heim

Andrea

Seele gesucht
Lächeln nicht gefunden
Bei DRK nachgefragt
Seele gesucht
Nicht zu Hause
Alle ausgewandert
Seele gesucht
Lächeln nicht gefunden

Ursula

Stationen

Die Zeit
hat keine Eile
wenn Glück
grad heilt
Dankbarkeit

Andrea

Huiiiii
Jauchzt der Schmerz
Jetzt geht's mal nach rechts
Neuer Ort
Neues Glück

Ursula

Stimmen

A m Anfang steht dein Licht
e rlebt sich aber nicht
i m besten Fall fühlst irgendwann
o bjektiv auch du und schaust voran
u nterorde dich niemals bis nie

Andrea

Alle unsere Lichter
Erheben sich
Irgendwann
Oh lasst sie den Himmel erreichen
Unterfliegt ihn nicht

Ursula

Wenn

Seelen sich begegnen
miteinander reden
und berichten
Freundschaft verdichten
wird so ein Bericht
schon mal zum Gedicht

Andrea

Er mag es nicht
Ihr neues Gedicht

Du magst es nicht
Bemerkt sie schlicht
Es ist nicht schlecht
Du hast nicht Recht

Dein Leibgericht
Ich koch es nicht

Und das bewirkt im Handumdreh'n
Er findet ihr Gedicht sehr schön

Ursula

ums Denken

Gedanken ohne Ende
Gedanken denken nie zu Ende
Gedanken wollen mehr
Gedanken wollen fallen
auch Sehnsucht treibt Gedanken
Gedankenfässer werden niemals leer
Gedankenspiele leicht bis schwer

Andrea

Von den Gedanken

Wo laufen sie hin
Wo hüpfen sie hin
Wo fliegen sie hin

Ich will sie anhalten
Einfangen
Zum Schweigen bringen

Aber längst sind sie in Freiheit
Über alle Berge
Mit unkontrollierbarem Gepäck

Ursula

Versuche

Ordnung schaffen
in Gedanken
und die vielen
anderen Unterlagen
ruhelos streift der Geist
sucht nach Gelassenheit

Andrea

Häuser und Bäume
Nebelumhüllt
Sanft mischt sich Sonne ein
Wolkenschiffchen
Gelassenheitsumkränzt
Laden ruhelose Geister ein
Tanzen langsam in den Tag

Ursula

und

schon lacht der Tag
und ich
und freue mich
über dich

Andrea

Morgengrauen
verabschiedet die Nacht
Der Tag zieht noch kein Kleid an
Erst sucht er dein Gedicht

Ursula

Fehlerlos

Dein Leben
schleppt sich momentan
an einem
dir so unbekanntem Seil
das ohne Hoffnung
und nie spricht
niemals voller Zuversicht
du irgendwann
daran zerbrichst
es kommt so oft
und wie es muss
Fehlerlos
was ist das bloß

Andrea

Fehlerhaft

„Oh" murmelt der Wirbel
„Pst" meint der andere Wirbel
„Nichts sagen" flüstert der dritte

„Es könnte sonst stimmen"
Brummelt die Wirbelsäule
Und reckt sich
Dass es knackt

Ursula

Pflicht

Du willst mich nicht
und so
verlasse ich dich
doch auch das
passt nicht
deine Angst
steht im Gesicht
Verzicht

Andrea

Er will sie nicht
Er sagt es nicht
Sie weiß es nicht
Sie glaubt es nicht

Da geht sie zum Gericht

Sie will ihn nicht
Sie sagt es nicht
Er weiß es nicht
Er glaubt es nicht

Da geht er zum Gericht

Der Richter ist ein kluger Mann
Er schaut die beiden gütig an
Und sagt einfach : Vertragt euch doch
Ich seh's ihr liebt euch immer noch

Ursula

Ein(e)-Sicht

Hoffnungsfroh sind deine Augen
wollen in alle Seelen schauen
der Tag er bricht noch nicht
im Versuch da fängt er sich
sucht Lichter und den Weg
doch dein Gefängnis steht

Andrea

Sie schieben den Tag vor sich her
Munter und flink hüpft er davon
Setzt sich auf einen Kirchturm
Auf eine bunte Blumenwiese
Bleibt abends erschöpft liegen
Und wird überfahren

und

Wenn er schön war
Der Tag
Hefte ich ihn ab
Im Ordner
Weiß noch nicht
Wie der heißt

Ursula

versehen

auch Liebe
ist mal blind
oder hat
nicht immer
Lust zu sehen
VERSTEHEN

Andrea

Wahre Liebe

Versteh doch
Ich versteh dich nicht
Sei nicht so anspruchsvoll
Du Wicht

Ursula

Heimat

Still
die Nacht
Angst läuft aufgeregt
kann gar nichts fassen
losgelassen

Andrea

Du

Ach
Wäre doch
Wenigstens heute nacht
Angst nicht mit mir
Allein

Leise
Kommst du
Und die Angst
Muß in der Ecke
Sitzen

Ursula

Angst
hat Namen
Menschen Massen fliehen
heißt heute mal Florence
Naturgewalten

Andrea

Sie haben es
schon wieder vergessen
Die Menschen
Wir sind stärker
Wir gewinnen
!!!!!!!
Laut heulend
Stürmen Wind und Wolken
Über Meer und Land

Ursula

Knopfdruck

Zeit
für AUS
alles muss raus
will sich neu erfinden
entbinden

Andrea

Platz

Für Neues

Altes muß raus

Wir fangen ganz neu

An

Ursula

angekommen

Stimmengemurmel
und rosa Füße platschen
Heimatgefühle

vanga

Rehageschwister
Beim Füssebaden
Zeitzuhause

Ursula

klar

Was willst du retten
wo nichts mehr fließt
was willst du sammeln
wo nichts mehr sprießt
deine Einsicht kommt spät
durch den Nebel geweht

Andrea

Wasser und Blumen
Haben wir eingeladen
Retten das Leben

Ursula

Höhlengänge

Kristalle dunkeln
der See in deiner Seele
so tränengefüllt

Andrea

Wenn im Seelensee
Sich Mond und Sonne begegnen
Lächeln die Tränen

Ursula

Wille

Stark
dein Genick
alles prallt ab
ganz stark dein Klang
Lebensdrang

Andrea

Willi

Will wieder
Was will Willi
Wohl wie Wolken westwärts
Wandern

Ursula

Quer durch die Gedanken

Gedichte aus allen Lebenssituationen
Gesammelt aufgelesen und aufgeschrieben
Können diese Gedanken trotzdem fliegen
Wie Blätter in einem Herbstwind
Oder mit der Brise am blauen See
Voller Magie stecken sie
Doch können auch mal ein Orkan sein
Und sogar auch was erreichen …

Andrea

Ein Gedicht

setzt sich auf die Fensterbank
Summt eine kleine Melodie
Breitet seine Flügel aus
Schwebt in den blauen Himmel
Kehrt mit Regentropfen zurück
Setzt sich auf den alten Küchenstuhl
seiner Buchseite
Und lächelt

Ursula

Du

bist mein Schliff
doch weißt es nicht
soll ich es sagen
und endlich wagen
die Gefahr im Blick
verschwindest du
schaust nicht zurück
VIELLEICHT
doch besser nicht ...

Andrea

Auf das Schleifen
würd ich pfeifen
Kanten und Spitzen
Können viel nützen
Zum klaren Wiedererkennen
Ich will mich davon nicht trennen

Ursula

Demut

Du bist wieder soweit
auch die andere Backe
ist sowas von bereit
ENDLICH

vanga

Ziehe Zusage zurück
Bin bereits bedient
Arbeite auch anders
Seit Sonnenaufgang

Ursula

W

wie wunderbar
wunderschöne warme Worte
wollen wirklich wacker wachsen
Wahrheiten

Andrea

G
Ging geradeaus
Gelangte ganz genau
Gartenwärts gegen Glückskäferchens
Gutshof
Gutenmorgen

Ursula

Wortlos

Es gibt Zeit in deinem Leben
da schaust du nie zur Uhr
du läuft und singst du lachst und springst
hast keine Zeit über irgendetwas nachzudenken
lehnst dich zurück und fühlst dich gut als ganzes Stück
ungebrochen legst du los
und voll im Wert so unbeschwert
doch eines Tage wirst du wach
fühlst alles umgekehrt
die Sorgen nicht nur in der Nacht
Probleme schon am Morgen
Die Zukunft lebt jetzt hoffnungslos
wo ist das altes Leben bloß
"Das war einmal und ist
doch wirklich schön gewesen"
sagt nun sehr ergeben der ehemals so rote Mund
schluckt tonlos und ganz trocken
die weiteren Lebensbrocken

Andrea

Lebensbrocken

Du kaust dran wie an Kaugummi
Und denkst dir bald: Das schaffst du nie
Zu dick sind sie – die Brocken
Und außerdem zu trocken
Was könnte helfen – Bier und Wein
Likör und Schnaps und Sekt – oh nein
Und Wasser Kaffee Kräutertee
Ein bißchen Sonne etwas Klee
Vom Glücksklee drei vier Blätter
Das klingt schon sehr viel netter
Und plötzlich mitten in dem Klee
Hüpft sie daher die Schnapsidee
Schreit lauthals: Spuck doch endlich aus
Laß alle Brocken einfach raus

Ursula

Guten Morgen

der
Kaffee läuft
und kommt gut durch
Maschinenkauf

vanga

Noch

Eine Tasse

Bitte mit Milch

Und mit drei Stückchen

Würfelzucker

Ursula

gefragt

das Gedicht
ist es erpicht
zu gefallen
wenn es spricht

Andrea

Mal ja
Mal nicht
Sagt das Gedicht

Ursula

News

Du schreibst vertraulich
Gefühle sehen endlich Licht
der Schatten hasst die Worte
und will das immer nicht

Andrea

Schreib nur weiter
– auch vertraulich
Wir lesen dein Gedicht
Und wer es nicht ertragen kann
Der liest es einfach nicht

Ursula

Das Gefühl

fühlt sich nicht komisch an
und jahrelang gefürchtet
kommst es wohl endlich an
denn dieses Aus erlebt nur
wer sich neu erfinden kann

Andrea

Angekommen
Ganz neu
Bunte Socken gekauft
Und den alten Schrank
Verschenkt

Ursula

Wir schaffen das
Es kurz zu halten
Wenn wir die Arbeit uns gestalten
Wirklich?

Ursula

FSC

www.fsc.org

MIX

Papier aus ver-
antwortungsvollen
Quellen
Paper from
responsible sources

FSC® C105338